MW01538651

BRAVO LA FAMILLE !

Mon papa
rien qu'à moi

Histoire
Christine Sagnier

Images
Caroline Hesnard

Conception
Émilie Beaumont

FLEURUS

FLEURUS ÉDITIONS, 15-27 rue Moussorgski, 75018 PARIS
www.fleuruseditions.com

Yessss ! La petite aiguille de ma montre indiquait 22 heures et le train arrivait à la gare. À travers la vitre, j'ai vu Papa qui nous attendait sur le quai. Pour une super-semaine, ça allait être une méga-super-hyper-semaine... Je me suis levée d'un bond afin de sortir du wagon avant les autres passagers, mais mon frère Tom m'a retenue par le sac que je portais sur le dos.

— Cool, cool ! a-t-il dit. Attends au moins que je descende la valise.

Sans rigoler, il était soûlant quand il jouait au grand. Tout ça parce que Maman lui avait dit qu'il était responsable de moi le temps du voyage. Mais moi, c'était Papa que je voulais voir. Je ne pouvais pas attendre une minute supplémentaire. J'ai donc profité du fait que Tom se retournait une petite seconde pour me faufiler devant

4

une mamie et sauter enfin sur le quai. Je me suis précipitée dans les bras de Papa, qui m'a fait plein de gros, gros, gros bisous sur les joues. J'ai mis mon nez dans son cou et humé son parfum au pamplemousse. Hum ! Ça sentait trop bon. Tom nous a rejoints et Papa a passé son bras libre autour de ses épaules. Il nous a serrés très fort contre lui. Pour de vrai, on ressemblait à des

naufragés au milieu de la foule qui filait vers la sortie. Il ne manquait que Maman. Sauf qu'avec Maman nous n'aurions plus été des naufragés.

— Quel bien cela fait de vous voir ! s'est exclamé Papa en me reposant par terre. Mais que vous avez encore grandi ! Grandi ? C'était vrai pour Tom, qui s'allongeait comme un haricot, mais moi je ressemblais toujours à une crevette. J'ai glissé ma main dans celle de Papa tandis qu'on rejoignait le parking sans cesser de parler. Enfin, sans que je cesse de parler : j'avais tant de choses en retard à lui raconter ! Une fois à la voiture, Tom s'est assis à l'avant et moi à l'arrière, comme d'habitude. Pendant que Papa nous expliquait le programme qu'il nous avait concocté pour la semaine, Tom furetait dans la boîte à gants, à la recherche d'un paquet de chewing-gums. À la place,

il en a sorti des lunettes de soleil ultra-larges qu'il a aussitôt essayées, le visage collé au miroir du pare-soleil !

— Waouh ! Trop classe ! a hurlé mon frère, qui ne quitte plus sa casquette depuis qu'il se prend pour une star du hip-hop. Même qu'il a dû couper ses cheveux pour pouvoir la coincer sur sa tête. Mais, avec les lunettes sur le nez, il ressemblait davantage à Beyoncé qu'à Jay Z, ses chanteurs favoris.

— Ce sont des lunettes de fille !
ai-je pouffé.

Papa aussi a ri en lui jetant un coup d'œil.

— Tu me les prêtes ? a plaisanté mon frère.

— Elles ne sont pas à moi, a répondu Papa.

— Tu m'étonnes ! a rigolé Tom.

— Elles sont à qui, alors ? ai-je demandé sans réfléchir.

— À quelqu'un que j'aimerais vous présenter, a fait Papa d'un ton soudain sérieux.

Tom lui a décoché un sourire en coin, tandis que je m'enfonçais dans mon siège en me mordant la langue. Voilà ce que c'était que d'être trop curieuse... Et Papa d'insister :

— Justement, je pensais que... après la piscine, demain, on pourrait manger une pizza tous les quatre.

La pizza, j'adore, surtout la calzone ! Mais déjeuner avec une dame inconnue, ça ne me plaisait pas du tout. Heureusement que le trajet jusqu'à chez Papa n'était pas long, parce que j'avais envie de me boucher les

oreilles. Sans rire, il y a des jours où tout part de travers. La preuve, en entrant dans l'appartement, j'ai regardé autour de moi, éberluée : les meubles avaient changé de place. Alors, quand Papa nous a proposé de manger un petit quelque chose, j'ai préféré aller me coucher. Je me sentais barbouillée. J'ai même fait semblant de dormir quand je l'ai entendu venir me dire bonsoir. Ensuite, je suis restée à ruminer dans le noir, les yeux ouverts. C'était qui, cette dame, d'abord ?

11

PIRA

12

Et pourquoi fallait-il qu'on la voie ?

Pour de vrai, je ne voulais plus jamais en entendre parler.

Pourtant, le lendemain matin, je crois que je l'avais oubliée, la dame. Je ne pensais plus qu'à la piscine et à la démonstration de plongeon que j'allais faire devant Papa. Illico après le petit déjeuner, j'ai foncé dans ma chambre enfiler mon maillot de bain et mes lunettes anti-yeux-rouges. Puis j'ai couru retrouver Papa, qui discutait avec Tom devant l'ascenseur.

— Vous avez pris vos maillots ? s'est-il inquiété.

— Je l'ai sur moi ! ai-je clamé.

— Yep ! a répondu mon frère, qui parlait tout le temps anglais depuis son voyage scolaire à Londres.

— OK, a claironné Papa. Let's go !

Deux secondes plus tard, on sautait dans

la voiture et, un quart d'heure après, je trépignais devant la caisse de la piscine. Papa a réglé et vite, vite, je suis allée dans le vestiaire pour femmes. Ensuite, je l'ai rejoint devant les casiers. J'ai mis mes lunettes avant de passer sous la douche, puis hop, hop, hop, trois bonds de géant et j'ai traversé le pédiluve en pensant aux millions de microbes qui grouillaient entre mes orteils. Beurk !

— Alors, m'a demandé Papa, où est-ce qu'elle en est, ma petite sirène ?

— Elle en est qu'elle nage comme une grenouille !

— Avec brassards ou sans brassards ?

— Ben, une grenouille avec des brassards, c'est comme un Berlingot avec une bouée, ça n'existe pas !

Berlingot, c'est mon poisson rouge, et c'est le roi de la natation.

— Ouh là là, excuse-moi, Lola.

— Je sais même plonger ! Pour de vrai !

— C'est Tom qui t'a appris ?

— Pas exactement, a raillé mon frère, qui venait de nous rejoindre.

Ils ne me croyaient pas ? Eh bien, ils allaient voir ce qu'ils allaient voir ! Je me suis postée tout au bord de la piscine, suivie de Papa, qui ne me quittait pas d'une semelle. J'ai respiré bien fort, puis j'ai pincé encore plus fort mon nez avec mes doigts. J'ai fermé les yeux derrière mes lunettes, plié les genoux et... et je suis tombée à plat sur l'eau. Ça a fait SPLASH ! Quand j'ai rouvert les yeux, il y avait des remous tout autour ! Vu que, dans l'affolement, j'avais ôté ma main de mon nez, l'eau est entrée par mes narines et est remontée jusqu'à mon front. Au secours ! Adieu, grenouille, adieu, Berlingot, il n'y avait plus qu'une Lola paniquée sous des tonnes d'eau. Coup de chance, une créature non identifiée m'a saisie sous l'aisselle et propulsée à la surface. En fait, la créature miraculeuse, c'était Papa, qui me tenait désormais dans ses bras.

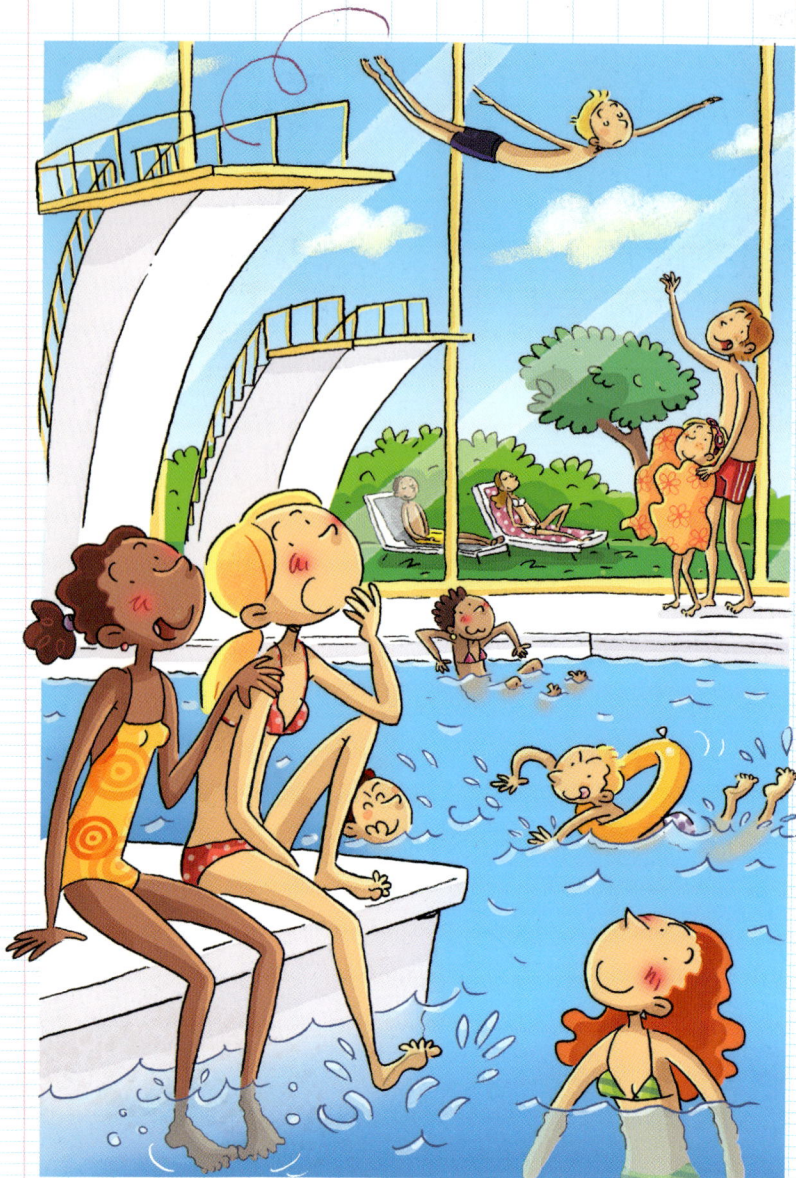

— Un vrai petit poisson volant ! s'est-il exclamé.

Plutôt une grosse baleine ! J'ai aspiré l'air, toussé, craché ; enfin, j'ai pu parler.

— D'habitude, je réussis mieux !

À cet instant, Tom a plongé juste au-dessus de nos têtes. L'eau s'est ouverte et refermée pour le laisser passer. Pas une éclaboussure. J'étais dégoûtée ! Il a nagé vers les gigantesques plongeoirs qui trônaient à l'autre bout de la piscine. Moi, j'ai préféré m'amuser dans le petit bassin avec Papa, jusqu'à ce que mes dents claquent et que mes poils se dressent tout droit sur mes bras. Alors, nous sommes allés voir Tom faire des sauts périlleux. Punaise ! C'était un as, mon frère. Superman en maillot de bain ! Toutes les filles le regardaient. Papa lui a fait signe que l'on partait. Je ne sais pas comment j'ai fait

pour me doucher, me sécher, me rhabiller,
tellement je pensais au bon fromage
dégoulinant de ma pizza. Et puis voilà !
En entrant dans le hall, j'ai perdu l'appétit.
Comme ça ! D'un coup ! Parce qu'avec Papa
et Tom il y avait LA dame, une vraie dame
de magazine. Genre une sorcière dans
le corps d'une fée.

— Voici Lola ! a dit Papa en se tournant vers moi. La championne de natation ! En plus, il se moquait de moi. Si j'avais eu une mitraillette, juré, tacatacatacatac ! je l'aurais dégommé. Et sa sorcière avec.

— Je te présente Kate, a poursuivi Papa sans deviner qu'il était mort.

— Bonjour, Lola. C'est chouette de te voir !
Ton papa m'a beaucoup parlé de toi !
En plus, elle avait un accent bizarre.
— Vous êtes photographe, vous aussi ?
a questionné Tom.
— Non, je suis vétérinaire.
— Ça va intéresser ma sœur, elle veut être
vétérinaire.
— Trop pas ! me suis-je récriée.
— Si on allait la manger, cette pizza ?

a proposé Papa en nous entraînant vers le parking. On discutera en chemin...

— Il m'en faudra au moins trois... a clamé Tom.

— Et toi, Lola, tu aimes les pizzas ? m'a demandé Kate.

J'ai fait celle qui n'entendait pas et me suis précipitée sur le siège avant, à côté de Papa.

— Qu'est-ce que tu fais, Lola ? Tu ne peux pas t'installer là...

— Si, Maman, elle veut bien... parfois...
Papa a froncé les sourcils.
— Ta mère veut bien ?
— Oui. Même que je l'ai fait la semaine
dernière.
— C'est vrai, ça, Tom ?
— Tu parles... C'était au milieu de la forêt,
sur un chemin de terre, à 2 km/h. Et Lola
était saucissonnée à son siège par dix
ceintures de sécurité. Tu connais Maman :
c'est tout juste si elle accepte que
je monte devant. Alors, Lola...

— C'est bien ce que je pensais. De toute façon, avec moi, Lola, tu vas à l'arrière !
C'est la loi, un point, c'est tout.
Blablablablabla ! La vérité, c'est qu'il voulait être assis à côté de Kate ! Quand j'ai rejoint Tom à l'arrière, j'avais une boule

de feu à la place du ventre. Puisque c'était comme ça, je n'allais plus dire un mot.

De toute façon, Kate était la seule qui comptait dans cette voiture.

— Qu'est-ce que vous soignez comme animaux ? a demandé Tom.

— Un peu de tout : des chiens, des vaches et même des zèbres !

— Vous travaillez dans un zoo ? a poursuivi mon frère.

— Non, non, mais je travaille régulièrement en Afrique... Le bétail, là-bas, c'est vital, et les vétérinaires manquent. Tu peux me tutoyer, tu sais...

— C'est quoi, ton pays, alors ?

— C'est la France depuis très longtemps, mais je suis américaine. Je vivais à New York avant !

— Trop cool ! a fait Tom.

Kate a acquiescé :

— C'est vrai, c'est chouette, New York !

C'est chouette ! C'est chouette !
Elle ne savait dire que ça ! D'abord,
je trouvais ça nul, New York. Nul,
et au bout du monde, en plus !
— Eh bien, moi, ai-je déclaré, je préfère
Paris. La tour Eiffel, elle est bien plus belle
que la statue de la Liberté !
— Dommage, a fait mon frère, parce que
c'est un sculpteur français qui a fait la
statue de la Liberté. C'était pour célébrer
l'amitié entre les Américains et les Français...
— N'importe quoi !
Pour de vrai, je m'en fichais bien de l'amitié

entre les Américains et les Français. Je m'en contrefichais même.

— Si, ton frère a raison, a dit Papa. Ta mère ne t'a pas emmenée voir sa réplique à Paris, sur la Seine ?

J'ai haussé les épaules et me suis tassée un peu plus contre la portière, bien décidée à ne plus bouger de mon coin. Hélas, Papa se garait déjà devant le restaurant. J'ai ouvert la portière brusquement ; elle a rebondi sur quelque chose de mou.

— Vous ne pouvez pas faire attention !

a tonné un monsieur dont les gros sourcils froncés ressemblaient à une énorme moustache posée sur son front.

— Je suis vraiment désolé, a fait Papa en sortant précipitamment de la voiture. Puis, se tournant vers moi : Voyons, Lola, il faut regarder avant d'ouvrir une portière, tu as failli faire tomber le monsieur...

— Je n'ai pas fait exprès...

À ce moment-là, j'ai senti mes yeux picoter.
Parce que Papa était fâché maintenant.
Tout ça à cause de Kate...
Le monsieur a poursuivi son chemin et
Papa a pris ma main dans la sienne, mais
je l'ai faite toute molle et j'ai traîné les
pieds en avançant.
— Où préférez-vous manger : dehors ou
dedans ? a-t-il demandé.

— Dehors ! ont clamé en chœur Kate et Tom.
— Dedans, ai-je grogné.
Évidemment, on s'est installés sur
la terrasse...
— Tom m'a dit que vous aviez un chien !
m'a susurré Kate d'une voix de bonbon
au miel. Comment s'appelle-t-il ?
— Croquette, ai-je déclaré en détournant
les yeux.
C'est qu'avec les sorcières il faut se méfier.
Elles parlent gentiment, font des sourires,
style « regarde comme je suis gentille ».

Et elles vous avalent toute crue !

— Moi, je prends une pizza quatre fromages, a décrété Tom, à peine le serveur arrivé. Et un Coca !

— Et toi, Lola ? m'a demandé Papa.

— Une calzone.

— Hum, il n'y a pas de calzone, n'est-ce pas ?

Le serveur a hoché la tête.

— Tu ne veux pas une quatre saisons ?
a proposé Papa.

— Je prends toujours une calzone avec
Maman, ai-je insisté, têtue.

— Essaie une reine, c'est la même chose,
sauf qu'à la place d'un œuf tu as des
champignons...

— Et qu'elle n'est pas fermée, a ajouté Kate.
Mais c'est très bon quand même...

— D'accord, Lola ? a fait Papa.

— Ça m'est égal...

— Alors, va pour une reine. Et un Coca ?

— Non, une limonade.

— S'il vous plaît, monsieur... a ajouté
Papa, ses yeux, pareils à des billes
d'acier, fixés sur moi.

— S'il vous plaît, monsieur, ai-je répété
tout bas.

Deux minutes plus tard, le serveur
revenait avec les boissons.

— Et une limonade avec une paille
pour la demoiselle !

— Merci, monsieur, ai-je répondu très poliment, avant de me jeter sur mon verre et d'avaler son contenu à la vitesse de l'éclair.

Comme je ne savais plus quoi faire et que je ne voulais surtout pas participer à la conversation, j'ai continué à aspirer les dernières gouttes au fond du verre. Vu qu'il était vide, j'aspirais de l'air, ce qui faisait un furieux tintamarre. Entre deux aspirations, j'entendais des bribes de phrases :
« L'Empire State Building...

Dans Central Park, l'été, il y a... » Et puis, sans raison et sans rien dire, Papa a ôté la paille de ma bouche et l'a cassée en deux, clac ! avant de la déposer dans le cendrier... Méchant Papa ! Je n'avais pourtant rien fait ! C'est alors que le serveur a apporté nos pizzas. Pour de vrai, la mienne avait un drôle de goût, mais je me suis forcée à la manger. Ensuite, Tom a commandé un chocolat liégeois, qu'il a littéralement gobé, alors que je touchais à peine à ma poire belle Hélène.

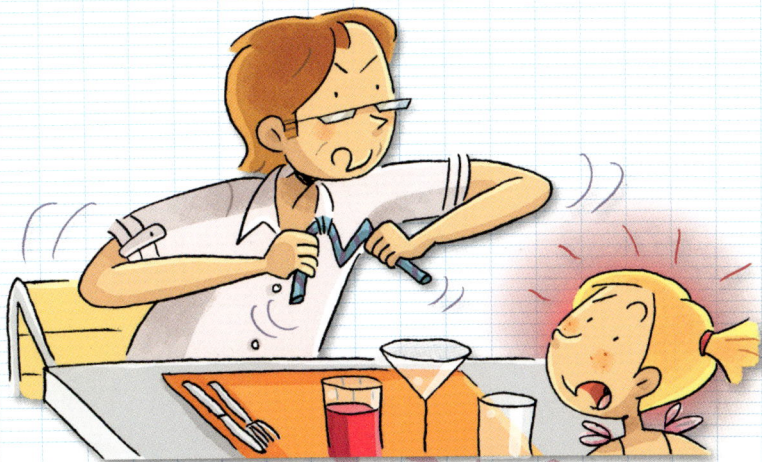

— Tu ne finis pas ? s'est étonné Papa.
Il faut dire que la poire belle Hélène,
c'est mon dessert préféré.
— Je n'ai plus faim...
— Allons-y, alors ! Kate, je te raccompagne ?
— Non, laisse, je vais rentrer à pied. C'était
chouette de déjeuner avec vous tous.
J'espère que l'on se reverra bientôt...
Pour une fois, j'étais d'accord avec Kate :
c'était super-chouette... qu'elle s'en aille !
Parce que j'allais retrouver mon papa.
Kate m'a embrassée. Une fois dans la
voiture, j'ai frotté bien fort ma peau pour
n'y laisser aucune trace de son baiser

empoisonné. Les yeux sur le rétroviseur,
je scrutais la grosse ride qui creusait
le front de Papa.

— Est-ce qu'on pourra aller un jour à
New York ? a demandé Tom.

La ride s'est effacée.

— Ce serait une bonne idée... s'est écrié
Papa, tout sourire.

« Voilà ! ai-je pensé. Papa va aller vivre
à New York, on ira là-bas une fois dans
l'année, et il va nous oublier. »

— Ce serait trop bien ! a hurlé Tom, qui ne
comprenait rien à rien.

— Qu'est-ce que tu en dis, Lola ? m'a demandé Papa en se garant.

J'ai haussé les épaules et poussé un interminable soupir, tandis qu'il coupait le moteur. J'avais envie de me réfugier dans ma chambre, chez Maman, avec Croquette, ma chienne adorée, qui m'aurait fait des léchouilles partout. Mais j'ai suivi Papa et Tom jusqu'à l'appartement.

Là, ils se sont affalés sur le canapé,
devant la télé.

— Tu viens avec nous, Lola ? a fait Papa.
Alors, la boule de feu est remontée de mon
ventre pour jaillir de ma gorge,
et j'ai hurlé :

— Je vais la casser, la télé ! C'est ton
activité favorite !
J'ai regardé mes pieds, mais vu que j'avais
terriblement envie d'un câlin, je me suis
approchée de Papa, qui m'a attirée à lui.

— On ne se voit pas souvent, Lola, je sais.

Mais tu dois savoir qu'à chaque minute je pense à toi et à ton frère. Si ta maman et moi avons divorcé, c'est parce que nous nous disputions sans cesse, pas parce que je ne voulais plus vous voir. Or aujourd'hui vous vivez avec Pierre, il y a Romane, et vous vous entendez tous bien, non ?
J'ai hoché la tête en silence.
— Alors, moi aussi, je peux vivre avec quelqu'un, et je vous aimerai toujours autant...

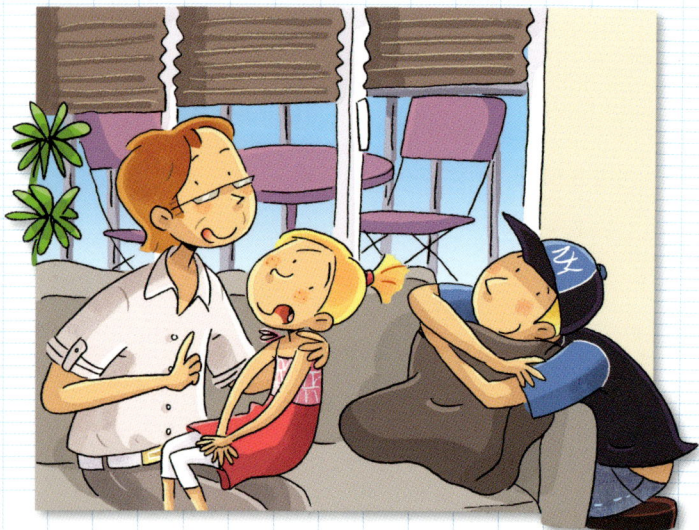

— Sauf que tu vas partir à New York. Alors, on ne te verra plus...

— Mais il n'est pas question que je parte à New York.

— Mais Kate, elle est américaine...

— Oui, mais elle vit en France depuis très longtemps, et elle n'a pas l'intention de s'installer là-bas.

— Vous allez habiter ensemble ? a demandé Tom.

— Bientôt... sûrement... C'est pour ça que je voulais vous présenter Kate.

— Et vous allez avoir un bébé ? me suis-je inquiétée.

— Peut-être, je ne sais pas... Mais vous serez

toujours mes enfants chéris, ça ne
changera rien.

— Ce sera comme avec Romane,
a conclu mon frère.

Romane, c'est notre toute petite sœur,
sauf que son papa à elle, c'est Pierre.
Alors, le futur bébé de Papa, ce sera notre
tout tout petit frère ou notre toute toute
petite sœur, sauf que sa maman à lui ou à
elle, ce sera Kate. Sans rigoler, la famille,
c'est un drôle de micmac.

J'ai posé la tête sur l'épaule de Papa.

Je me suis sentie si bien, blottie contre lui, que j'ai mis mon pouce dans ma bouche, comme quand j'étais petite. Lorsque je me suis réveillée, Tom avait disparu et Papa somnolait, la tête posée sur la mienne.

Il a ouvert un œil en me sentant bouger.

— Hum, a-t-il fait en étirant ses bras, c'était bon, cette petite sieste. Si on rejoignait Tom ? Il est allé à vélo jusqu'à la plage.

Ni une ni deux, j'ai couru au garage chercher nos bicyclettes. Cinq minutes plus tard, nous pédalions sur un petit chemin

caillouteux qui nous faisait rebondir sur nos selles comme des cow-boys en plein rodéo. Boing, boing, boing ! Parvenus au bord de la mer, nous avons vu Tom faire des roues arrière sur le parking désert. Papa a mis pied à terre. J'ai pris une longue inspiration, comme pour un plongeon.

— Dis, Papa, est-ce qu'on pourra aller à la piscine demain ? Comme ça, tu seras mon maître-nageur rien qu'à moi. Et puis on

pourrait retourner à la pizzeria...euh...
avec Kate, si tu veux.

— Et tu mangeras ta poire belle Hélène ?

— J'en mangerai même deux !

MDS : 661043
ISBN 978-2-215-14232-4
© FLEURUS ÉDITIONS, 2014.
Dépôt légal à la date de parution.
Conforme à la loi n° 49-956 du 16 juillet 1949
sur les publications destinées à la jeunesse.
Imprimé en Italie (03/14).